Anonymous

Tornister-Liederbuch für die Deutsche Armee

Anonymous

Tornister-Liederbuch für die Deutsche Armee

ISBN/EAN: 9783744720892

Hergestellt in Europa, USA, Kanada, Australien, Japan

Cover: Foto ©Thomas Meinert / pixelio.de

Weitere Bücher finden Sie auf **www.hansebooks.com**

Cornister-Liederbuch

für die

Deutsche Armee.

Motto: Sie sollen ihn nicht haben,
Den freien, Deutschen Rhein.

Berlin, 1870.

Verlag von Wilh. Müller, Oranienstr. 165.a.

Der Deutschen Armee

gewidmet

vom

Verleger.

Register.

~~~~~

Mel.: Wer will unter die Soldaten 2c.

Jubelnd sei's der Welt verkündet:
:,: Nicht mehr scheidet uns der Main! :,:
Darum rücken wir verbündet
In's Franzosenland hinein.
Von der Alpe bis zum Strand
Schallt das Lied für's Vaterland:
„Immer frisch, frei, fromm und froh
Haut sie auf den Chassepot,
Chasse — pot — pot — pot — pot — pot —
Auf den Chass'pot mit Hurrah!"

Bayern, Schwaben, Sachsen, Hessen,
:,: Schließt euch tapfer, Glied an Glied! :,:
Was gescheh'n ist, ist vergessen,
Und vergessen, was uns schied.
Von der Alpe bis zum Strand
Schallt das Lied für's Vaterland:
„Immer frisch, frei, fromm und froh
Haut sie auf den Chassepot,
Chasse — pot — pot — pot — pot — pot —
Auf den Chass'pot mit Hurrah!"

Ob den heil'gen Chass'pot preise
:,: Auch der Franzmann voller Gluth — :,:
Glaubt mir, auch der heil'ge Dreyse
Und der Werder Wunder thut.
Von der Alpe bis zum Strand
Schallt das Lied für's Vaterland:
„Immer frisch, frei, fromm und froh
Haut sie auf den Chassepot,
Chasse — pot — pot — pot — pot — pot —
Auf den Chass'pot mit Hurrah!"

Immer feste auf die Weste!
:,: Halt dich tapfer, alter Krupp! :,:
Bring uns bis zum letzten Reste
All' das Kruppzeug auf den Schub!
Von der Alpe bis zum Strand
Schallt das Lied für's Vaterland:
„Immer frisch, frei, fromm und froh
Haut sie auf den Chassepot,
Chasse — pot — pot — pot — pot — pot —
Auf den Chass'pot mit Hurrah!"

Daß der Teufel euch die Treffer,
:,: Und die Chassepots verhext! :,:
Fahrt zum Lande, wo der Pfeffer
Von Cayenne üppig wächst!
Von der Alpe bis zum Strand
Schallt das Lied für's Vaterland:
„Immer frisch, frei, fromm und froh
Haut sie auf den Chassepot,
Chasse — pot — pot — pot — pot — pot —
Auf den Chass'pot mit Hurrah!"

Jagt den Kaiser der Franzosen,
:,: Brüder, fort von Reich und Haus! :,:
Drüben stehn die rothen Hosen —
Wer da Muth hat klopft sie aus!
Von der Alpe bis zum Strand
Schallt das Lied für's Vaterland:
„Immer frisch, frei, fromm und froh
Haut sie auf den Chassepot,
Chasse — pot — pot — pot — pot — pot —
Auf den Chass'pot mit Hurrah!"

———

2. Auf, ihr Brüder, laßt uns wallen
In den freien großen Dom,
Laßt aus tausend Kehlen schallen
Des Gesangs lebend'gen Strom!
Wenn die Töne sich verschlingen,
Knüpfen wir das Bruderband;
:,: Lasset uns nach Freiheit ringen,
Für das theure Vaterland. :,:

In der mächt'gen Eichen Rauschen
Mische sich der freie Sang,
Daß der alten Geister Lauschen
Sich erfreu' am deutschen Klang.
Deutsches Lied tön' ihnen Kunde
Fort und fort vom deutschen Geist,
Der im tausendstimm'gen Bunde
Seine alten Helden preist.

Ueberall in deutschen Landen
Klinge hell der Freiheitssang,
Der, aus tiefster Brust entstanden,
Kündet laut des Herzens Drang.
Freies Lied aus deutschem Herzen
Töne fort von Mund zu Mund,
Brech' die Klagen, heil' die Schmerzen,
Knüpfe freier Männer Bund.

Seid gegrüßt, ihr kräft'gen Lieder,
Strömt in Volkes Herzen ein,
Daß die Schaaren wack'rer Brüder
Jetzt das Vaterland befrei'n.
Nun, wohlan denn, Deutschlands Söhne,
Laßt uns kämpfen Hand in Hand,
Und die frohe Kunde töne
Durch das weite Vaterland!

(F-dur.)
Dichter: H. Rustige. Comp.: Frdr. Kücken.

3. Auf, mein Deutschland, schirm' dein Haus,
Stelle deine Wachen aus,
Keine Zeit ist zu verlieren,
Schlägt der Erbfeind an das Schwert;
:,: Laß marschiren, laß marschiren,
Daß die Grenze sei bewehrt! :,:

Preußen, zieh' dein scharfes Schwert,
Wie's der Blücher dich gelehrt,
Kannst fürwahr den Reigen führen.
„Vorwärts!" soll die Losung sein;"
Laß marschiren, laß marschiren,
Von der Weichsel bis zum Rhein.

Bayern, Schwaben, all' zu Hauf,
Pflanzt die Bajonette auf,
Mit den deutschen Schlachtpanieren.
Sachsen, Hessen, frisch voran;
Laßt marschiren, laßt marschiren,
Was die Wehre tragen kann.

Deutschland, so voll Muth und Mark
Bist du einig, bist du stark;
Recht und Ehre wird dich führen.
Muß es sein, so schlage d'rein!
Laß marschiren, laß marschiren,
Dann ist Sieg und Friede dein!

— 5 —

(F-dur.)
Dichter: Theod. Körner. Eigene Melodie.

4. Das Volk steht auf, der Sturm bricht los,
Wer legt noch die Hände jetzt feig in den Schooß!
Pfui über dich Buben hinter dem Ofen,
Unter den Schranzen und unter den Zofen,
Bist doch ein ehrlos erbärmlicher Wicht,
Ein deutsches Mädchen küßt dich nicht,
Und deutscher Wein erquickt dich nicht;
Stoßt mit an,
Mann für Mann,
Wer den Flamberg schwingen kann!

Wenn wir die Schauer der Regennacht
Unter Sturmespfeifen wachend vollbracht,
Kannst du freilich auf üppigen Pfühlen,
Wollüstig träumend, die Glieder fühlen.
Bist doch ein ehrlos erbärmlicher Wicht!
Ein deutsches Mädchen küßt u. s. w.

Wenn uns der Trompeten rauher Klang
Wie Donner Gottes zu Herzen drang,
Magst du im Theater die Nase wetzen,
Und dich an Trillern und Läufern ergötzen.
Bist doch u. s. w.

Wenn die Gluth des Tages versengend drückt,
Und uns kaum noch ein Tropfen Wassers erquickt,
Kannst du Champagner springen lassen,
Kannst du bei brechenden Tafeln prassen.
Bist doch u. s. w.

Wenn wir vor'm Drange der würgenden Schlacht
Zum Abschied an's ferne Treuliebchen gedacht,
Magst du zu deinen Maitressen laufen
Und dir mit Golde die Lust erkaufen.
Bist doch u. s. w.

Wenn die Kugel pfeift, wenn die Lanze saust,
Wenn der Tod uns in tausend Gestalten umbraust,
Kannst du am Spieltisch dein Septleva brechen
Und mit der Spadille die Könige stechen,
Bist doch u. s. w.

Und schlägt unser Stündlein im Schlachtenroth,
Willkommen dann, seliger Wehrmannstod! —
Du mußt dann unter seidenen Decken,
Unter Merkur und Latwergen verrecken,
Stirbst als ein ehrlos erbärmlicher Wicht.
Ein deutsches Mädchen beweint dich nicht,
Ein deutsches Lied besingt dich nicht,
Und deutsche Becher klingen dir nicht. —
Stoßt mit an,
Mann für Mann,
Wer den Flamberg schwingen kann.

———

(C-dur.) Dichter E. M. Arndt. 1812. Componist:
A. Methfessel. 1818.

5. Der Gott, der Eisen wachsen ließ,
Der wollte keine Knechte;
Drum gab er Säbel, Schwert und Spieß
Dem Mann in seine Rechte;

Drum gab er ihm den kühnen Muth,
Den Zorn der freien Rede,
Daß er bestände bis auf's Blut,
Bis auf den Tod die Fehde.

So wollen wir, was Gott gewollt,
Mit rechten Treuen halten
Und nimmer um Tyrannensold
Die Menschenschädel spalten:
Denn wer für Tand und Schande ficht,
Den bauen wir in Scherben,
Der soll im deutschen Lande nicht
Mit deutschen Männern sterben.

O Deutschland, heil'ges Vaterland!
O deutsche Lieb' und Treue;
Du schönes Land, du hohes Land!
Wir schwören dir auf's Neue:
Dem Buben und dem Knecht die Acht!
Der nähre Kräh'n und Raben!
So zieh'n wir hin zur Herrmannsschlacht
Und wollen Rache haben.

Laßt brausen, was nur brausen kann,
In hellen, lichten Flammen!
Ihr Deutsche alle, Mann für Mann,
Zum heil'gen Krieg zusammen!
Und hebt die Herzen himmelan
Und himmelan die Hände,
Und rufet alle Mann für Mann:
Die Knechtschaft hat ein Ende!

Laßt klingen, was nur klingen kann,
Trompeten, Trommeln, Flöten!
Wir wollen heute Mann für Mann
Mit Blut das Eisen röthen,
Mit Henker= und mit Knechteblut —
O süßer Tag der Rache!
Das klinget allen Deutschen gut,
Das ist die große Sache.

Laßt wehen, was nur wehen kann,
Standarten weh'n und Fahnen,
Wir wollen heut' uns Mann für Mann
Zum Heldentod ermahnen.
Auf! fliege, hohes Siegspanier,
Voran den kühnen Reihen!
Wir siegen oder sterben hier
Den süßen Tod der Freien!

(A-dur.)
Dichter: Th. Körner 1813. Mel. nach einer französischen
Romanze „la sentinelle" des M. Giuliani.

6. Der Ritter muß zum blut'gen Kampf hinaus,
Für Freiheit, Recht und Vaterland zu streiten,
Da zieht er noch vor seines Liebchens Haus,
Nicht ohne Abschied will er von ihr scheiden!
„O weine nicht die Aeuglein roth,
Als ob nicht Trost, nicht Hoffnung bliebe:
Bleib ich doch treu bis in den Tod
Dem Vaterland und meiner Liebe!"

Und als er ihr das Lebewohl gebracht,
Sprengt er zurück zum Haufen der Getreuen.
Er sammelt sich zu seines (Königs) Macht,
Und muthig blickt er auf der Feinde Reihen.
„Mich schreckt es nicht, was uns bedroht,
Und wenn ich auf der Wahlstatt bliebe!
Denn freudig geh' ich in den Tod
Für's Vaterland und meine Liebe!"

Und furchtbar stürzt er in des Kampfes Gluth,
Und Tausend fallen unter seinen Streichen;
Den Sieg verdankt man seinem Heldenmuth,
Doch auch den Sieger zählt man zu den Leichen.
„Ström hin, mein Blut, so purpurroth,
Dich rächten meines Schwertes Hiebe,
Ich hielt den Schwur: Treu bis zum Tod
Dem Vaterland und meiner Liebe!"

Und dies Gedicht, das Ahnung eingeflößt,
Schuf das Geschick zur schmerzenvollen Wahrheit.
Des Dichters Geist, vom Erdenband gelös't,
Hob sich empor zur ew'gen Lieb und Klarheit.
„Er sang und starb, wie edler Sinn gebot,
Daß Lied und That unsterblich bliebe!
Denn er blieb treu bis in den Tod
Dem Vaterland und seiner Liebe!"

C. Schall.

(C-dur.)
Dichter: F. Löwe. Comp.: P. Lindpaintner. 1843.

7. Der Sänger hält im Feld die Fahnenwacht,
In seinen Armen ruht das Schwert, das scharfe,
Er grüßt mit hellem Lied die dunk'le Nacht
Und spielt dazu mit kund'ger Hand die Harfe:
Die Dame, die ich liebe, nenn' ich nicht,
Doch hab' ich ihre Farbe mir erkoren,
Ich streite gern für Freiheit, Recht und Licht,
:,: Getreu der Fahne, der ich zugeschworen. :,:

Die Nacht verrinnt, Kampf bringt der junge Tag,
Der Sänger will nicht von der Fahne weichen,
Es blitzt sein Schwert, doch ist's ein Blitz und Schlag
Und singend schlägt er Lebende zu Leichen!
Die Dame, die ich liebe, nenn' ich nicht,
Kommt nur heran, die Brust mir zu durchbohren,
Ich sterbe gern, für Freiheit, Recht und Licht,
Getreu der Fahne, der ich zugeschworen.

Der Tod ist satt, gewonnen ist die Schlacht!
Aus tiefen Wunden strömt des Sängers Leben,
Auf seiner Fahne, die er treu bewacht,
Hört man ihn sterbend noch sein Lied erheben:
Die Dame, die ich liebte, nannt' ich nicht,
Mein Leben ist, die Ehre nicht, verloren,
Ich stritt und fiel für Freiheit, Recht und Licht,
Getreu der Fahne, der ich zugeschworen.

('B-dur.)
Dichter: Hoffmann v. Fallersleben. 1841.
Comp.; Jof. Haydn. 1797. Nach der Melodie: „Gott
erhalte Franz den Kaiser", andere Melodie von Hiller,
Klauer u. f. w.

8. Deutschland, Deutschland über Alles,
Ueber Alles in der Welt,
Wenn es stets zu Schutz und Trutze
Brüderlich zusammenhält!
Von der Maas bis an die Memel,
Von der Etsch bis an den Belt,
:,: Deutschland, Deutschland über Alles,
Ueber Alles in der Welt! :,:

Deutsche Frau'n und deutsche Treue,
Deutscher Wein und deutscher Sang
Sollen in der Welt behalten
Ihren alten, guten Klang,
Uns zu edler That begeistern
Unser ganzes Lebelang.
Deutsche Frau'n und deutsche Treue,
Deutscher Wein und deutscher Sang!

Einigkeit und Recht und Freiheit
Für das deutsche Vaterland,
Darnach laßt uns alle streben
Brüderlich mit Herz und Hand.
Einigkeit und Recht und Freiheit
Sind des Glückes Unterpfand. —
Blüh' im Glanze dieses Glückes,
Blühe, deutsches Vaterland!

(G-dur)
Dichter: E. M. Arndt. 1813. Comp.: F. W. Berner
1815.

9. Deutsches Herz, verzage nicht,
Thu', was dein Gewissen spricht,
Dieser Strahl des Himmelslichts:
Thue recht und fürchte nichts!

Baue nicht auf bunten Schein,
Lug und Trug ist dir zu fein,
Schlecht geräth dir List und Kunst,
Freiheit wird dir eitel Dunst.

Doch die Treue ehrenfest,
Und die Liebe, die nicht läßt,
Einfalt, Demuth, Redlichkeit
Steh'n dir wohl, o Sohn des Teut.

Wohl steht dir das grade Wort,
Wohl der Speer, der grade bohrt,
Wohl das Schwert, das offen sicht
Und von vorn die Brust durchsticht.

Laß den Wälschen Meuchelei,
Du sei redlich, fromm und frei;
Laß die wälsche Sklavenzier,
Schlichte Treue sei mit dir.

Deutsche Freiheit, deutscher Gott,
Deutscher Glaube ohne Spott,
Deutsches Herz und deutscher Stahl
Sind vier Helden allzumal.

Diese steh'n wie Felsenburg,
Diese fechten Alles durch,
Diese halten tapfer aus
In Gefahr und Todesbraus.

———

10. Die bange Nacht ist nun herum,
Wir reiten still, wir reiten stumm
    Und reiten in's Verderben.
Wie weht so scharf der Morgenwind;
Frau Wirthin noch ein Glas geschwind
    Vor'm Sterben, vor'm Sterben!

Du junges Gras, was stehst so grün?
Mußt bald wie lauter Röslein blühn;
    Mein Blut ja soll dich färben.
Den ersten Schluck, an's Schwert die Hand,
Den trink' ich, für das Vaterland
    Zu sterben, zu sterben.

Und schnell den zweiten hinterdrein,
Und der soll für die Freiheit sein,
    Der zweite Schluck vom Herben!
Dies Restchen — nun, wem bring' ich's gleich?
Dies Restchen dir, o römisch Reich,
    Zum Sterben, zum Sterben!

Dem Liebchen, — doch das Glas ist leer,
Die Kugel saust, es blitzt der Speer:
    Bringt meinem Kind die Scherben!
Auf! in den Feind wie Wetterschlag!
O Reiterlust, am frühen Tag
    Zu sterben, zu sterben!

———

(G-dur.)

11. Die Fahnen wehen, frisch auf zur Schlacht,
:,: Schlagt muthig drein. :,:
Es klingt Musik, die uns fröhlich macht,
:,: Ins Herz hinein. :,:
Die Pfeifen und Trommeln mit süßem Klang
Mit süßem Klang das Feld entlang,
In die Schlacht hinein.
In die Schlacht, in die Schlacht hinein!

O Wehrmanns Leben, o köstlich Gut,
:,: Uns ward's bescheert :,:
Der Mann ist selig, der trägt den Muth,
:,: Blank wie sein Schwert! :,:
Wer tapfer im fröhlichen Streite fiel,
Im Streite fiel, im Heldenspiel
Der grünen Erd'.
Schläft im Arme der grünen Erd'.

Dem klinget Musik, die er leiden mag,
:,: Mit Klang darein. :,:
Nicht schöner klingt es am jüngsten Tag
:,: In's Grab hinein. :,:

O seliger Tod, o du Wehrmanns Tod,
Du Wehrmanns Tod; — noch bin ich roth.
In die Schlacht hinein,
In die Schlacht, in die Schlacht hinein!

12. Die Heere blieben am Rheine stehn:
Soll man hinein nach Frankreich gehn?
Man dachte hin und wieder nach,
Allein der alte Blücher sprach:
„Generalkarte her!

Nach Frankreich gehn ist nicht so schwer,
Wo steht der Feind?" Der Feind — dahier!
„Den Finger drauf, den schlagen wir!
Wo liegt Paris?" Paris — dahier!
„Den Finger drauf, das nehmen wir!
Nun schlagt die Brücken über'n Rhein,
Ich denke der Champagnerwein
Wird, wo er wächst, am besten sein!"

(C-dur.)

Dichter: W. Gerhard.　Comp.: B. Molique.

13. Die Mädchen in Deutschland sind blühend
und schön,
Zum Küssen da laden sie ein,
Und wenn sie im wogenden Tanze sich dreh'n,
So rühren sie Herzen von Stein.
Doch die mir vor Allen am besten gefallen
Ist Hannchen, lieb Hannchen, schön Hannchen
mein
Hannchen, ja Hannchen, nur Hannchen allein.

Die Mädchen in Deutschland sind nicht so kokett,
Wie jene dort über den Rhein,
Sie tragen sich sittsam, bescheiden und nett
Und Kleider und Herzen sind rein,
Doch die mir vor Allen ꝛc.

Die Mädchen in Deutschland sind häuslich und gut,
Und bist du entschlossen zu frei'n,
So nimm dir ein Mädchen aus deutschem Blut,
Du wirst es gewiß nicht bereu'n.
Ach keine vor Allen, hat mir so gefallen,
Wie Hannchen, lieb Hannchen ꝛc.

14. Dir möcht' ich diese Lieder weihen,
Geliebtes, deutsches Vaterland!
Denn dir, dem neuerstand'nen, freien
Ist all' mein Sinnen zugewandt.

Doch Heldenblut ist dir geflossen,
Dir sank der Jugend schönste Zier!
Nach solchen Opfern, heilig großen,
Was gälten diese Lieder dir.

(A-moll.)
Dichter: Th. Körner, an seinem Todestage 26. Aug. 1813.
Comp.: C. M. v. Weber. 1814.

15. Du Schwert an meiner Linken,
Was soll dein heit'res Blinken,
Schaust mich so freundlich an,
Hab' meine Freude dran! Hurrah!

„Mich trägt ein wackrer Reiter,
„Drum blink' ich auch so heiter,
„Bin freien Mannes Wehr!
„Das freut dem Schwerte sehr." Hurrah!

Ja gutes Schwert, frei bin ich
Und liebe dich herzinnig,
Als wärst du mir getraut,
Als eine liebe Braut. Hurrah!

„Dir hab' ich's ja ergeben
„Mein lichtes Eisenleben.
„Ach, wären wir getraut!
„Wann holst du deine Braut?"

Was klirrst du in der Scheibe,
Du helle Eisenfreude.
So wild, so schlachtenfroh?
Mein Schwert, was klirrst du so? Hurrah!

„Wohl klirr' ich in der Scheibe,
„Ich sehne mich zum Streite,
„Recht wild und schlachtenfroh.
„Drum Reiter, klirr ich so." Hurrah!

Bleib' doch im engen Stübchen,
Was willst du hier, mein Liebchen?
Bleib' still im Kämmerlein,
Bleib', bald hol' ich dich ein. Hurrah!

„Laß mich nicht lange warten!
„O schöner Liebesgarten,
„Voll Röslein blutig roth,
„Und aufgeblühtem Tod!" Hurrah!

So komm denn aus der Scheide,
Du Reiters Augenweide,
Heraus, mein Schwert, heraus!
Führ' dich in's Vaterhaus. Hurrah!

„Ach, herrlich ist's im Freien,
„Im rüst'gen Hochzeitsreihen.
„Wie glänzt im Sonnenstrahl
„So bräutlich hell der Stahl!" Hurrah!

Wohlauf! ihr kecken Streiter,
Wohlauf! ihr deutschen Reiter!
Wird euch das Herz nicht warm?
Nehmt's Liebchen in den Arm! Hurrah!

Erst that es an der Linken
Nur ganz verstohlen blinken,
    Doch an die Rechte traut
    Gott sichtbarlich die Braut.   Hurrah!

Drum drückt den liebeheißen
Bräutlichen Mund von Eisen
    An eure Lippen fest!
    Fluch! wer die Braut verläßt.   Hurrah!

Nun laß das Liebchen singen,
Das helle Funken springen:
    Der Hochzeitsmorgen graut; —
    Hurrah! du Eisenbraut! Hurrah!

(C-Dur.)
    Dichter: Mart. Luther. 1529 (nach Pf. 46.)
        Eigene Melodie.

16. Ein' feste Burg ist unser Gott,
Ein' gute Wehr und Waffen;
Er hilft uns frei aus aller Noth,
Die uns jetzt hat betroffen.
Der alte böse Feind, mit Ernst er's jetzt meint;
Groß' Macht und viel List, sein grausam Rüstung ist,
Auf Erd' ist nicht seines Gleichen.

Mit unsrer Macht ist nichts gethan,
Wir sind gar bald verloren:
Es streit't für uns der rechte Mann,
Den Gott hat selbst erkoren.
Fragst du, wer der ist? er heißt Jesus Christ,
Der Herr Zebaoth, und ist kein and'rer Gott,
Das Feld muß er behalten.

Und wenn die Welt voll Teufel wär'
Und wollt' uns gar verschlingen,
So fürchten wir uns nicht so sehr,
Es soll uns doch gelingen.
Der Fürst dieser Welt, wie sau'r er sich stellt,
Thut er uns doch nichts, das macht er ist gericht't,
Ein-Wörtlein kann ihn fällen.

Das Wort, sie sollen lassen stahn,
Und kein Dank dazu haben;
Er ist bei uns wohl auf dem Plan
Mit seinem Geist und Gaben.
Nehmen sie den Leib, Gut, Ehr', Kind und Weib:
Laß fahren dahin, sie haben's kein Gewinn;
Das Reich muß uns doch bleiben.

———

17. Erhebt euch von der Erde,
    Ihr Schläfer aus der Ruh!
Schon wiehern uns die Pferde
    Den guten Morgen zu!
Die lieben Waffen glänzen
    So hell im Morgenroth;
Man träumt von Siegeskränzen,
    Man denkt auch an den Tod.

Du reicher Gott in Gnaden,
    Schau her vom Himmelszelt!
Du selbst hast uns geladen
    In dieses Waffenfeld.
Laß uns vor dir bestehen
    Und gib uns heute Sieg!
Die Christenbanner wehen,
    Dein ist, o Herr, der Krieg.

Ein Morgen soll noch kommen,
  Ein Morgen mild und klar;
Sein harren alle Frommen,
  Ihn schaut der Engel Schaar.
Bald scheint er sonder Hülle
  Auf jeden deutschen Mann,
O brich du Tag der Fülle,
  Du Freiheitstag, brich an!

Dann Klang von allen Thürmen
  Und Klang aus jeder Brust,
Und Ruhe nach den Stürmen
  Und Lieb' und Lebenslust!
Es schallt auf allen Wegen
  Ein frohes Siegsgeschrei;
Und wir, ihr wackern Degen,
  Wir waren auch dabei.

––––––––

(C-dur.)
Wacht am Rhein. Dichter: Schneckenberg. Componist:
C. Wilhelm.

18. Es braust ein Ruf wie Donnerhall,
Wie Schwertgeklirr und Wogenprall:
Zum Rhein, zum Rhein, zum deutschen Rhein!
Wer will des Stromes Hüter sein?
Lieb' Vaterland, magst ruhig sein,
Fest steht und treu die Wacht am Rhein.

Durch Hunderttausend zuckt es schnell,
Und aller Augen blitzen hell:
Der deutsche Jüngling, fromm und stark,
Beschirmt die heil'ge Landesmark.
Lieb' Vaterland 2c.

Und ob mein Herz im Tode bricht,
Wirst du noch drum ein Welscher nicht,
Reich wie an Wasser deine Fluth,
Ist Deutschland ja an Heldenblut.
Lieb' Vaterland 2c.

Auf blickt er in des Himmels Blau'n,
Wo todte Helden niederschau'n,
Und schwört mit stolzer Kampfeslust:
Du Rhein bleibst deutsch, wie meine Brust!
Lieb' Vaterland 2c.

So lang' ein Tropfen Blut noch glüht,
Noch eine Faust den Degen zieht,
Und noch ein Arm die Büchse spannt,
Betritt kein Feind hier deinen Strand.
Lieb' Vaterland 2c.

Der Schwur erschallt, die Woge rinnt,
Die Fahnen flattern hoch im Wind:
Zum Rhein, zum Rhein, zum deutschen Rhein,
Wir alle wollen Hüter sein.
Lieb' Vaterland 2c.

(D-dur.)
19. Freu't euch des Lebens,
Weil noch das Lämpchen glüht;
Pflücket die Rose,
Eh' sie verblüht!

So mancher schafft sich Sorg und Müh',
Sucht Dornen auf und findet sie.
Und läßt das Veilchen unbemerkt,
Das uns am Wege blüht.
Chor: Freu't euch des Lebens, 2c.

Wenn schon die Schöpfung sich verhüllt
Und lauter Donner um uns brüllt,
So lacht am Abend nach dem Sturm
Die Sonne, ach, so schön!
Chor: Freu't euch des Lebens, 2c.

Wer Neid und Mißgunst sorgsam flieht,
Genügsamkeit im Gärtchen zieht,
Dem schießt sie bald zum Bäumchen auf,
Das gold'ne Früchte trägt.
Chor: Freu't euch des Lebens, 2c.

Und wenn der Pfad sich furchtbar engt,
Und Mißgeschick uns plagt und drängt,
So reicht die Freundschaft schwesterlich
Dem Redlichen die Hand.
Chor: Freu't euch des Lebens, 2c.

Sie ist des Lebens schönstes Band,
Schlingt, Brüder, traulich Hand in Hand;
So wallt, man froh, so wallt man leicht
In's beß're Vaterland.
Chor: Freu't euch des Lebens, 2c.

(D-dur.)

Dichter: Th. Körner. 1813.
Componist: Chr. F. D. Schubert.

20. Frisch auf, ihr Jäger, frei und flink,
Die Büchse von der Wand!
Der Muthige bekämpft die Welt!
Frisch auf den Feind! frisch in das Feld
Für's deutsche Vaterland!

Aus Westen, Norden, Süd und Ost
Treibt uns der Rache Strahl:
Vom Oberflusse, Weser, Main,
Vom Elbstrom und vom Vater Rhein
Und aus dem Donauthal.

Doch Brüder sind wir allzusammt,
Und das schwellt unsern Muth,
Uns knüpft der Sprache heilig Band,
Uns knüpft ein Gott, ein Vaterland,
Ein treues deutsches Blut.

Nicht zum Erobern zogen wir
Vom väterlichen Heerd;
Die schändlichste Thyrannenmacht
Bekämpfen wir in freud'ger Schlacht.
Das ist des Blutes werth.

Ihr aber, die uns treu geliebt,
Der Herr sei Euer Schild!
Bezahlen wir's mit unserm Blut:
Denn Freiheit ist das höchste Gut,
Ob's tausend Leben gilt.

Drum, muntre Jäger, frei und flink,
Wie auch das Liebchen weint!
Gott hilft uns im gerechten Krieg!
Frisch in den Kampf; — Tod oder Sieg!
Frisch, Brüder, auf den Feind!

(B-dur.)
Dichter: Schiller. 1798. Comp.: C. J. Zahn. 1798.

**21. Frisch auf, Kammeraden, auf's Pferd,
auf's Pferd!**
In's Feld in die Freiheit gezogen;
Im Felde, da ist der Mann noch was werth,
Da wird noch das Herz gewogen;
Da tritt kein Anderer für ihn ein.
Auf sich selber steht er da ganz allein.

Aus der Welt die Freiheit verschwunden ist,
Man sieht nur Herren und Knechte;
Die Falschheit herrscht und die Hinterlist
Bei dem feigen Menschengeschlechte;
Der dem Tod in's Angesicht schauen kann,
Der Soldat allein ist der freie Mann.

Des Lebens Aengsten er wirft sie weg,
Hat nicht mehr zu fürchten, zu sorgen,
Er reitet dem Schicksal entgegen keck,
Trifft's heute nicht, trifft es doch morgen;
Und trifft es morgen, so lasset uns heut'
Noch schlürfen die Neige der köstlichen Zeit.

Von dem Himmel fält ihm sein lustig Loos,
Braucht's nicht mit Müh' zu erstreben;
Der Fröhner, der sucht in der Erde Schooß,
Da meint er den Schatz zu erheben;
Er gräbt und schaufelt, so lang er lebt,
Und gräbt, bis er endlich sein Grab sich gräbt.

Der Reiter und sein geschwindes Roß,
Die sind gefürchtete Gäste;
Es flimmern die Lampen im Hochzeitsschloß,
Ungeladen kommt er zu Feste;
Er wirbt nicht lange, er zeigt nicht Gold,
Im Sturm erringt er den Minnesold.

Warum weinet die Dirn' und zergrämet sich
                                        schier?
Laß fahren dahin, laß fahren!
Er hat auf Erden kein bleibend Quartier,
Kann treue Lieb' nicht bewahren;
Das rasche Schicksal, es treibt ihn fort,
Seine Ruhe läßt er an keinem Ort.

Auf des Degens Spitze die Welt jetzt liegt,
D'rum wohl, wer den Degen jetzt führet,
Und bleibt ihr nur wacker zusammengefügt,
Ihr haltet die Welt und regieret!
Es steht keine Krone so fest und so hoch,
Der muthige Springer erreichet sie doch.

D'rum frisch Kameraden, den Rappen ge=
                                        zäumt,
Die Brust zum Gefechte gelüstet!

Die Jugend brauset, das Leben schäumt,
Frisch auf, eh' der Geist noch verdüstet.
Und setzet ihr nicht das Leben ein,
Nie wird euch das Leben gewonnen sein.

(B-dur.)

Dichter: ? Comp.: C. F. Becker. 1852.

22. :,: Frisch, ganze Compagnie, mit lautem
Sing' und Sang!
Bei froher Lieder Klang wird uns der Weg nicht lang!
:,: Links, rechts, streng im Takt:
Frisch fest angepackt,
Rasch voran, Mann an Mann, die frohe Bahn. :,:
:,: Sang', Lieb und Freude,
Führen uns heute,
Uns're lust'ge Compagnie
Wandert so, spät und früh
Durch die weite Welt,
Wohin es ihr gefällt,
In die Welt, in die weite Welt. :,:
Schrum!

Winkt an einem netten Haus uns ein grüner
Fichtenstrauß,
Schnell hinein, Bier und Wein schenket fröhlich ein!
Kommt ein feines Mägdelein, schau'n wir auch
nicht grämlich drein,
Wird charmirt, attaquirt, manches Herz gerührt.
:,: Halli, hallo, halli, hallo,
So wandern wir stets frei und froh. :,:
Sang' Lieb' und Freude :c.

(F-dur.)
Volkshymne. Mel.: „God save the king.“

23. Heil dir im Siegerkranz,
Herrscher des Vaterland's!
Heil, König, dir!
Fühl' in des Thrones Glanz
Die hohe Wonne ganz:
Liebling des Volks zu sein,
Heil, König, dir!

Nicht Roß, nicht Reisige
Sichern die steile Höh',
Wo Fürsten stehn;
Liebe des Vaterland's,
Liebe des freien Mann's
Gründen des Herrschers Thron,
Wie Fels im Meer.

Heilige Flamme glüh',
Glüh' und verlösche nie
Für's Vaterland!
Wir alle stehen dann
Muthig ein, Mann für Mann,
Kämpfen und bluten gern
Für Thron und Reich!

Handel und Wissenschaft
Heben mit Muth und Kraft
Ihr Haupt empor.
Krieger und Heldenthat
Finden ihr Lorbeerblatt
Treu aufgehoben dort
An deinem Thron.

Sei, König Wilhelm, hier
Lang' deines Volkes Zier,
Der Menschheit Stolz!
Fühl' in des Thrones Glanz
Die hohe Wonne ganz:
Liebling des Volk's zu sein,
Heil, König, dir!

(A-dur.)
Dichter und Comp.: Alb. Methfessel. 1813.

24. Hinaus in die Ferne mit lautem Hörnerklang!
Erhebet die Stimme zum männlichen Gesang;
Der Freiheit Hauch weht mächtig durch die Welt!
Ein freies, frohes Leben uns wohlgefällt.

Wir halten zusammen, wie treue Brüder thun,
Wenn Tod uns umtobet und wenn die Waffen ruh'n;
Uns alle treibt ein reiner, froher Sinn.
Nach einem Ziele streben wir alle hin.

Der Hauptmann, er lebe! Er geht uns kühn voran,
Wir folgen ihm muthig auf blut'ger Siegesbahn.
Er führt uns jetzt zum Kampf und Tod hinaus,
Er führt uns einst, ihr Brüder, in's Vaterhaus.

Wer wollte wohl zittern vor Tod und vor Gefahr?
Vor Feigheit und Schande erbleichet uns're Schaar!
Und wer den Tod im heil'gen Kampfe fand,
Ruht, auch in fremder Erde, im Vaterland.

(Es-dur.)
Dichter: Th. Körner. 1813. Mel. „O sauctissima.“
andere Mel. von C. M. v. Weber.

25. :,: Hör' uns Allmächtiger,
Hör' uns, Allgütiger,
Himmlischer Führer der Schlachten! :,:
:,: Vater, dich preisen wir,
Vater, dir danken wir,
Daß wir zur Freiheit erwachten! :,:

Wie auch die Hölle braust,
Gott, deine starke Faust
Stürzt das Gebäude der Lüge.
Führ' uns, Herr Zebaoth,
Führ' uns, dreiein'ger Gott,
Führ' uns zur Schlacht und zum Siege!

Führ' uns! — Fall' unser Loos
Auch tief in Grabes Schooß:
Lob doch und Preis deinem Namen! —
Reich, Kraft und Herrlichkeit
Sind dein in Ewigkeit!
Führ' uns, Allmächtiger, Amen!

———

26. Ich hab einen muthigen Reiter gekannt,
Der wußte sein Roß zu regieren;
Er schwang seine Klinge mit kräftiger Hand
Und wußte die Schaaren zu führen.
Er ritt in den Schlachten wohl immer vorauf,
„Hurrah!“ so rief er, „frisch auf, frisch auf!“
Wir fechten für's heilige Vaterland!“ —
Den muthigen Reiter, den hab ich gekannt!

3*

Ich hab' einen mächtigen Feldherrn gekannt,
Der wußte den Tod zu verachten,
  Der Sieg war an seine Fahnen gebannt,
  Er war der Löwe der Schlachten.
Er leuchtete vor wie ein strahlender Stern,
Dem folgten wir treu, dem folgten wir gern,
  Ihm war unser Herz von Liebe entbrannt. —
  Den mächtigen Feldherrn, den hab' ich gekannt.

Wir haben den Helden der Freiheit gekannt,
Er hat sich auf Lorbeeren gebettet;
  Wir haben ihn Vater Blücher genannt,
  Uns Alle hat er gerettet.
Die fränkischen Ketten, er riß sie entzwei,
Er machte das Vaterland glücklich und frei;
  Nun ist er gestorben und ruht unterm Sand, —
  Wir haben den Helden der Freiheit gekannt.

(G-dur.)
Dichter: Thiersch. Comp.: Neithardt.

27. Ich bin ein Preuße, kennt ihr meine Farben?
Die Fahne schwebt mir weiß und schwarz voran;
Daß für die Freiheit meine Väter starben,
Das deuten, merkt es, meine Farben an;
  Nie werd' ich bang' verzagen:
  Wie jene, will ich's wagen.
:,: Sei's trüber Tag, sei's heit'rer Sonnenschein:
Ich bin ein Preuße, will ein Preuße sein! :,:

Mit Lieb' und Treue nah' ich mich dem Throne,
Von welchem mild zu mir ein Vater spricht;
Und wie der Vater treu zu seinem Sohne,
  steh' ich treu mit ihm und wanke nicht.

Fest sind der Liebe Bande:
Heil meinem Vaterlande!
:,: Des Königs Ruf bringt in das Herz mir ein
Ich bin ein Preuße, will ein Preuße sein! :,:

Nicht jeder Tag kann glüh'n im Sonnenlichte,
Ein Wölkchen und ein Schauer kommt zur Zeit;
D'rum lese keiner mir es im Gesichte,
Daß nicht der Wünsche jeder mir gedeiht.
Wohl tauschen nah und ferne
Mit mir gar viele gerne;
:,: Ihr Glück ist Trug und ihre Freiheit Schein,
Ich bin ein Preuße, will ein Preuße sein! :,:

Und wenn der böse Sturm mich einst umsauset,
Die Nacht entbrennet in der Blitze Gluth:
Hat's doch schon ärger in der Welt gebrauset,
Doch was nicht bebte, war der Preußen Muth.
Mag Fels und Eiche splittern,
Ich werde nicht erzittern;
:,: Es stürm' und krach', es blitze wild darein,
Ich bin ein Preuße, will ein Preuße sein! :,:

Wo Lieb' und Treu' sich so dem König weihen,
Wo Fürst und Volk sich reichen so die Hand:
Da muß des Volkes wahres Glück gedeihen,
Da blüht und wächst das schöne Vaterland.
So schwören wir auf's Neue
Dem König Lieb' und Treue.
:,: Fest sei der Bund! Ja, schlaget muthig ein!
Wir sind ja Preußen, laßt uns Preußen sein! :,:

(B-dur.)

28. Ich hab' mich ergeben
Mit Herz und mit Hand
:,: Dir, Land voll Lieb und Leben,
Mein deutsches Vaterland! :,:

Mein Herz ist entglommen,
Dir treu zugewandt,
Du Land der Freien, Frommen,
Du herrlich Herrmannsland!

Will halten und glauben
An Gott fromm und frei,
Will, Vaterland, dir bleiben
Auf ewig fest und treu.

Ach Gott, thu erheben
Mein jung' Herzensblut
Zu frischem, freud'gen Leben,
Zu freiem, frommen Muth.

Laß Kraft mich erwerben
In Herz und in Hand,
Zu leben und zu sterben
Für's heil'ge Vaterland!

(G-dur.)

29. Ich hatt' einen Kameraden,
Einen bessern find'st du nit.
Die Trommel schlug zum Streite,
Er ging an meiner Seite
:,: In gleichem Schritt und Tritt. :,:

Eine Kugel kam geflogen,
Gilt sie mir, oder gilt sie dir?
Ihn hat sie weggerissen,
Er liegt zu meinen Füßen,
Als wär's ein Stück von mir.

Will mir die Hand noch reichen,
Derweil ich eben lad',
Kann dir die Hand nicht geben,
Bleib' du im ew'gen Leben,
Mein guter Kamerad!

———

(C-dur.)

30. Immer langsam voran! nur immer langsam
voran!
Daß der krähwinkler Landsturm nachkommen kann!
Hätt' der Feind uns're Stärke schon früher gekannt,
Wär' er sicher schon früher zum Kukuk gerannt.

Nun marschiren wir grade nach Paris hinein,
Dort, Kinder, soll das Rochen nicht verboten sein.
Immer langsam rc.

Das Marschiren, das nimmt heute gar kein End',
Das macht, weil der Lieutnant die Landkart nicht
kennt.
Immer langsam rc.

Hat denn Keener den Fähnbrich mit der Fahne
gesehn?
Man weeß ja gor nicht, wie der Wind thut weh'n.
Immer langsam rc.

Kleener Tambour, strapezier' doch die Trommel
nicht zu sehr!
Allweil sin die Kalbfell' so wohlfeil nicht mehr.
Immer langsam 2c.

Herr Hauptmann, mein Hintermann geht immer
so in Trab,
Er tritt mir beinahe die Hinterhacken ab.
Immer langsam 2c.

Du, Barthel, gib mir mal die Kümmelpulle her!
Im Kriege, da durstet Eenen gar zu sehr.
Immer langsam 2c.

Ach, Himmel, wie wird's erst in Frankreich
ergehn!
Da kann ja keene Seele das Deutsche verstehn!
Immer langsam 2c.

Reißt aus, reißt aus, reißt alle, alle aus'!
Dort steht ein französisches Schilderhaus.
Immer langsam 2c.

Die Franzosen, die schießen so in's Blaue hinein,
Sie bedenken nicht, daß da könnten Menschen sein.
Immer langsam 2c.

Bei Leipzig in der großen, schönen Völkerschlacht,
Da hätten wir beinah' 'nen Gefangnen gemacht.
Immer langsam 2c.

Und als auf der Brucken eene Bombe geplatzt,
Potz Wetter, wie sin mer da ausgekratzt.
Immer langsam 2c.

Denn wenn so'n Beest am End' Eenen trifft,
Hilft Eenen der ganze Feldzug nischt.
Immer langsam ꝛc.

Da lob' ich mir doch so eenen baierischen Kloß,
So'n Ding geht doch so leicht nicht los.
Immer langsam ꝛc.

Jetzt, Bauern, kocht Knödel und Hirsebrei,
Denn da ist unser Landsturm recht wacker dabei.
(:,: Immer lustig voran, :,:)
Daß mer brav in die Knödel einhauen kann.

————

31. Mit frohem Muth und heiterm Sinn —
Hurrah! hurrah! hurrah!
Zieh'n Jäger wir nach Frankreich hin. —
Hurrah! hurrah! hurrah!
Erwerben uns dort Ruhm und Glück,
Das Liebchen lassen wir zurück,
Und scheiden, und scheiden,
Und scheiden mit Hurrah!

Frei zieh'n wir Preußen in das Feld!
Hurrah! ꝛc.
Nicht durch das Loos, nicht für das Geld!
Hurrah! ꝛc.
Vereinigt durch ein heilig Band;
Mit Gott für König und Vaterland!
Heil König, Heil König,
Heil König, mit Hurrah!

Dort steht der Feind; ihr Jäger vor!
Hurrah! ꝛc.

Schon tönt uns dieser Ruf ins Ohr!
  Hurrah! :c.
Das Horn erschallt, die Büchse kracht,
Wir rücken muthig in die Schlacht,
  Und Alles, und Alles,
  Und Alles ruft: Hurrah!

Seht, wie der stolze Franke flieht!
  Hurrah! :c.
Wenn er die deutschen Jäger sieht!
  Hurrah! :c.
Zu rächen ist des Frevels viel:
Sieg oder Tod ist unser Ziel!
  Frisch Jäger, frisch Jäger,
  Frisch Jäger, drauf! Hurrah!

Mit Gott wird uns der Sieg zu Theil,
  Hurrah! :c.
Heil Vaterland! ja dir sei Heil!
  Hurrah! :c.
Sie winden uns den Siegeskranz,
Die Väter unsers Vaterlandes.
  Heil König! Heil Deutschland!
  Wir jauchzen froh: Hurrah!

Und kehren wir mit Ruhm zurück,
  Hurrah! :c.
Macht's treue Liebchen unser Glück,
  Hurrah! :c.
In Deutschland an dem heim'schen Heerd
Sind wir des preuß'schen Namens werth,
  Und jauchzen, und jauchzen,
  Und jauchzen froh: Hurrah!

32. Mit Hörnerschall und Lustgesang,
Als ging es froh zur Jagd,
So zieh'n wir Jäger wohlgemuth,
Wenn's Noth dem Vaterlande thut,
Hinaus in's Feld der Schlacht.

Gewöhnt sind wir von Jugend auf
An Feld= und Waldbeschwer;
Wir klimmen Fels und Berg empor
Und waten frisch durch Sumpf und Moor,
Durch Schilf und Dorn einher.

Nicht Sturm und Regen achten wir,
Nicht Hagel, Reif und Schnee,
In Hitz und Frost, bei Tag und Nacht,
Sind wir bereit zur Fahrt und Wacht,
Als gält es Hirsch und Reh'.

Wir brauchen nicht zu unserm Mahl
Erst Pfanne, Topf und Rost,
Im Hungersfall ein Bischen Brod,
Ein Labetrunk in Durstesnoth
Genügen uns zur Kost.

Wo wack're Jäger Helfer sind,
Da ist es wohl bestellt;
Die sich're Kugel stärkt den Muth,
Wir zielen scharf und treffen gut,
Und was wir treffen, fällt.

Und färbet gleich auch unser Blut
Das Feld des Krieges roth:
So wandelt Furcht uns doch nicht an;
Denn nimmer scheut ein braver Mann
Für's Vaterland den Tod.

Erliegt doch rechts, erliegt doch links
So mancher tapfre Held;
Die Guten wandeln Hand in Hand
Frohlockend in ein beff'res Land,
Wo Niemand weiter fällt.

Doch trifft denn stets des Feindes Blei?
Verletzt denn stets sein Schwert?
Ha! öfter führt das Waffenglück
Uns aus dem Mordgefecht zurück,
Gesund und unversehrt.

Und jeder Jäger preist den Tag,
Da er in's Schlachtfeld zog.
Bei Hörnerschall und Becherklang
Ertöne laut der Rundgesang:
„Wer brav ist, lebe hoch!"

33. Morgenroth, Morgenroth!
Leuchtest mir zum frühen Tod,
Bald wird die Trompete blasen,
Dann muß ich mein Leben lassen,
Ich und mancher Kamerad.

Kaum gedacht, kaum gedacht,
Wird der Lust ein End' gemacht.
Gestern noch auf stolzen Rossen,
Heute durch die Brust geschossen,
Morgen in das kühle Grab.

Ach, wie bald, ach, wie bald
Schwindet Schönheit und Gestalt!
Prahlst du gleich mit deinen Wangen
Die wie Milch und Purpur prangen;
Ach, die Rosen welken bald.

Und was ist — und was ist
Dieses Lebens kurze Frist?
Unter Kummer, unter Sorgen
Sich bemühn an jedem Morgen,
Bis der Tag vorüber ist.

Darum still, darum still,
Füg' ich mich, wie Gott es will!
Und so will ich wacker streiten,
Und sollt' ich den Tod erleiden,
Stirbt ein braver Reitersmann.

---

34. Muß i denn, muß i denn zum Städtele 'naus
Und du mein Schatz bleibst hier?
Wann i komm, wann i komm, wann i wiederum
komm,
Kehr' i ein, mein Schatz, bei dir.
Kann i gleich net all'weil bei dir sein,
Han' i doch mein' Freud' an dir.
Wann i komm ꝛc.

Wie du weinst, wie du weinst, daß i wand're muß,
Wie wenn d' Lieb' jetzt wär' vorbei;
Sind au draus, sind au draus der Mädele viel,
Lieber Schatz, i bleib' dir treu.
Denk du net, wenn i ein' And're seh',
So sei mein' Lieb' vorbei.
Sind au draus ꝛc.

Ueber's Jahr, über's Jahr, wenn me Träubele
schneid't,
Stell' i hier mi wiederum ein;

Bin i dann, bin i dann dein Schätzele noch,
Dann soll die Hochzeit sein.
Ueber's Jahr, da ist mein' Zeit vorbei,
Da gehör' i mein und dein.
Bin i dann ꝛc.

35. Nun danket Alle Gott mit Herzen, Mund
und Händen,
Der große Dinge thut an uns und allen Enden;
Der uns von Mutterleib und Kindesbeinen an
Unzählig viel zu gut und noch jetzund gethan.

Der ewig reiche Gott woll' uns bei unser'm Leben
Ein immer fröhlich Herz und edlen Frieden geben,
Und uns in seiner Gnad' erhalten fort und fort,
Und uns aus aller Noth erlösen hier und dort!

36. O du Deutschland, ich muß marschiren,
O du Deutschland, du machst mir Muth!
Meinen Säbel will ich schwingen,
Meine Kugel, die soll klingen,
Gelten soll's des Feindes Blut.

Nun Abe, fahr wohl, Feinsliebchen!
Weine nicht die Aeug'lein roth,
Trage dieses Leid geduldig,
Leib und Leben bin ich schuldig,
Es gehört zum Ersten Gott.

Nun Abe! mein herzlieber Vater!
Mutter, nimm den Abschiedskuß!
Für das Vaterland zu streiten,
Mahnt es mich, nächst Gott, zum Zweiten,
Daß ich von euch scheiden muß.

Auch ist noch ein Klang erklungen
Mächtig mir durch Herz und Sinn:
Recht und Freiheit heißt das Dritte,
Und es treibt aus eurer Mitte
Mich in Tod und Schlachten hin.

O wie lieblich die Trommeln schallen
Und das Hörnerblasen drein;
Fahnen wehen frisch im Winde,
Roß und Männer sind geschwinde —
Und es muß geschieden sein.

O du Deutschland, ich muß marschiren,
O du Deutschland, du machst mir Muth!
Meinen Säbel will ich schwingen,
Meine Kugel die soll klingen,
Gelten soll's des Feindes Blut.

37. Schier dreißig Jahre bist du alt,
Hast manchen Sturm erlebt;
Hast mich wie ein Bruder beschützet,
Und wenn die Kanonen geblitzet,
Wir beide haben niemals gebebt.

Wir lagen manche liebe Nacht,
Durchnäßt bis auf die Haut;
Du allein, du hast mich erwärmet,
Und was mein Herze hat gehärmet,
Das hab' ich dir, Mantel, vertraut.

Geplaudert hast du nimmermehr,
Du warst mir still und treu;
Du warst getreu in allen Stücken,
Drum laß dich auch nicht mehr flicken,
Du Alter, du würdest sonst neu.

Und mögen sie mich verspotten,
Du bleibst mir theuer doch;
Denn wo die Fetzen 'runter hangen,
Sind die Kugeln hindurch gegangen,
Jede Kugel die macht' halt ein Loch.

Und wenn die letzte Kugel kommt
In's deutsche Herz hinein;
Lieber Mantel, laß dich mit mir begraben,
Weiter will ich von dir nichts haben;
In dich hüllen sie mich ein.

Da liegen wir zwei Beide
Bis zum Appell im Grab!
Der Appell der macht Alles lebendig,
Da ist es denn auch ganz nothwendig,
Daß ich meinen Mantel hab'.

---

38. Schlacht, du brichst an!
  Grüßt sie im freudigen Kreise
  Laut nach germanischer Weise,
Brüder heran!

Noch perlt der Wein!
  Eh' die Posaunen ertönen.
  Laßt uns das Leben versöhnen.
Brüder schenkt ein!

Gott Vater hört,
  Was an des Grabes Thoren
  Vaterlands Söhne geschworen,
Brüder, ihr schwört!

Vaterlands Hort
  Woll'n wir aus glühenden Ketten
  Todt oder lebend erretten.
Handschlag und Wort!

Hört ihr sie nah'n?
  Liebe und Freuden und Leiden!
  Tod, du kannst uns nicht scheiden.
Brüder, stoßt an!

Schlacht ruft: hinaus!
  Horch, die Trompeten, sie werben,
  Vorwärts auf Leben und Sterben!
Brüder, trinkt aus!

---

39. Schön ist's unter freiem Himmel
Stürzen in das Schlachtgetümmel,
:,: Wo die Kriegstrompete schallt, :,:
Wo die Rosse wiehernd jagen,
Wo die Trommeln wirbelnd schlagen,
:,: Wo das Blut der Helden wallt. :,:

Schön ist's, wenn der alte Streiter,
In der Feldschlacht stolz und heiter
Uns're Brust mit Muth erfüllt;
Wenn aus donnerndem Geschütze,
Furchtbar wie des Himmels Blitze,
Uns der Feind entgegenbrüllt.

Schön, wenn, wie bei Ungewittern,
Sechsfach Berg und Thal erzittern

4

Von den grausen Wiederhall;
Stürzt dann einer uns'rer Brüder,
Stürzen hundert Feinde nieder;
Tausend stürzt des Einen Fall!

Aber was gleicht dem Entzücken,
Wenn der Feind mit scheuen Blicken
Weicht und flieht bald hier, bald da.
Heil, ihr Brüder, heil der Stunde!
Dann erschallt aus jedem Munde:
„Gott mit uns, Victoria!"

---

40. Sie sollen ihn nicht haben
Den freien deutschen Rhein,
Ob sie wie gier'ge Raben
Sich heiser darnach schrei'n.

So lang er ruhig wallend
Sein grünes Kleid noch trägt,
So lang ein Ruder schallend
In seine Wogen schlägt.

Sie sollen ihn nicht haben
Den freien deutschen Rhein,
So lang sich Herzen laben
An seinem Feuerwein.

So lang in seinem Strome
Noch fest die Felsen steh'n,
So lange hohe Dome
In seinen Spiegel seh'n.

Sie sollen ihn nicht haben
Den freien deutschen Rhein,
So lang dort kühne Knaben
Um schlanke Dirnen frei'n.

So lang die Flosse hebet
Ein Fisch auf seinem Grund,
So lang ein Lied noch lebet
In seiner Sänger Mund.

Sie sollen ihn nicht haben
Den freien deutschen Rhein,
Bis seine Fluth begraben
Des letzten Mann's Gebein.

41. Steh' ich in finst'rer Mitternacht
So einsam auf der stillen Wacht,
:,: Dann denk' ich an mein fernes Lieb'
Ob mir's auch treu und hold verblieb. :,:

Als ich zur Fahne fortgemüßt,
Hat sie so herzlich mich geküßt,
Mit Bändern meinen Hut geschmückt
Und weinend mich an's Herz gedrückt.

Sie liebt mich noch, sie ist mir gut,
Drum bin ich froh und wohlgemuth,
Mein Herz schlägt warm in kalter Nacht,
Wenn es an's ferne Lieb' gedacht.

Jetzt bei der Lampe mildem Schein
Gehst du wohl in dein Kämmerlein
Und schickst dein Nachtgebet zum Herrn
Auch für den Liebsten in der Fern.

Doch, wenn du traurig bist und weinst,
Mich von Gefahr umrungen meinst,
Sei ruhig, bin in Gottes Hut,
Er liebt ein treu Soldatenblut.

Die Glocke schlägt, bald naht die Rund'
Und löf't mich ab zu dieser Stund';
Schlaf wohl im stillen Kämmerlein
Und denk in deinen Träumen mein.

42. Stimmt an mit hellem, hohem Klang,
Stimmt an das Lied der Lieder,
Des Vaterlandes Hochgesang,
Das Waldthal hall es wieder.

Der alten Barden Vaterland,
Dem Vaterland der Treue,
Dir freies, unbezwung'nes Land,
Dir weih'n wir uns auf's Neue.

Zur Ahnentugend wir uns weih'n,
Zum Schutze deiner Hütten,
Wir lieben deutsches Fröhlichsein
Und alte deutsche Sitten.

Die Barden sollen Lieb' und Wein,
Doch öfter Tugend preisen,
Und sollen bied're Männer sein
In Thaten und in Weisen.

Ihr Kraftgesang soll himmelan
Mit Ungestüm sich reißen,
Und jeder echte deutsche Mann
Soll Freund und Bruder heißen!

43. Treue Liebe bis zum Grabe
Schwör ich dir mit Herz und Hand;
Was ich bin und was ich habe,
Dank' ich dir, mein Vaterland.

Nicht in Worten nur und Liedern
Ist mein Herz zum Dank bereit,
Mit der That will ich's erwidern
Dir in Nöthen, Kampf und Streit.

In der Freude, wie im Leide
Ruf ich Freund und Feinden zu:
Ewig sind vereint wir beide,
All' mein Trost, mein Glück bist du.

Treue Liebe bis zu Grabe
Schwör' ich dir mit Herz und Hand:
Was ich bin und was ich habe,
Dank' ich dir, mein Vaterland.

---

44. Und brauset der Sturmwind des Krieges
heran,
Und wollen die Welschen ihn haben,
So sammle mein Deutschland dich stark wie ein
Mann,
Und bringe die blutigen Gaben,
Und bringe den Schrecken und bringe das Grauen
Von all' deinen Bergen und all' deinen Gauen
Und klinge die Loosung zum Rhein über'n Rhein:
:,: Alldeutschland in Frankreich hinein! :,:

Sie wollen's? So reiße denn deutsche Geduld!
So reiß' durch vom Belt bis zum Rheine!
Wir fordern die lange gestundete Schuld —;
Auf! Welsche! nun rühret die Beine!
Wir wollen im Spiele von Schwertern und Lanzen
Den wilden, den blutigen Tanz mit euch tanzen.
So klinge die Loosung zum Rhein, über'n Rhein ꝛc.

Mein einiges Deutschland, mein kühnes, heran!
Wir wollen das Liedlein euch singen,
Von dem, was die schleichende List euch gewann,
Von Straßburg, von Metz und Lothringen:
Zurück sollt ihr zahlen! heraus sollt ihr geben!
So stehe der Kampf nun auf Tod und auf Leben! ꝛc.

Mein einiges Deutschland, mein freies, heran!
Sie wollen, sie sollen es haben:
Auf! Sammle und rüste dich stark wie ein Mann,
Und bringe die blutigen Gaben;
Du, daß sie nun nimmer mit List mehr zersplittern
Erbrause wie Windbraut aus schweren Gewittern ꝛc.

------

45. Vater, ich rufe dich!

Brüllend umwölkt mich der Dampf des Geschütze;
Sprühend umzucken mich prasselnde Blitze;
Lenker der Schlachten, ich rufe dich!
    Vater, du führe mich!

Vater, du führe mich!
Führ' mich zu Siege, führ' mich zum Tode!
Herr, ich erkenne deine Gebote;
Herr, wie du willst, so führe mich!
    Gott, ich erkenne dich!

Gott ich erkenne dich!
So im herbstlichen Rauschen der Blätter,
Als im Schlachten-Donnerwetter,
Urquell der Gnade, erkenn' ich dich.
Vater, du segne mich!

Vater, du segne mich!
In deine Hand befehl ich mein Leben,
Du kannst es nehmen, du hast es gegeben.
Zum Leben, zum Sterben segne mich,
Vater, ich preise dich!

Vater, ich preise dich!
Es ist ja kein Kampf für die Güter der Erde;
Das Heiligste schützen wir mit dem Schwerte:
Drum fallend und siegend preis' ich dich.
Gott dir ergeb' ich mich!

Gott dir ergeb' ich mich!
Wenn mich die Donner des Todes begrüßen,
Wenn meine Adern geöffnet fließen,
Dir, mein Gott, dir ergeb' ich mich!
Vater, ich rufe dich!

———

46. Was blasen die Trompeten? Husaren heraus!
Es reitet der Feldmarschall im fliegenden Saus,
Er reitet so freudig sein muthiges Pferd,
Er schwinget so freudig sein schneidiges Schwert!
Juchheirasasa! und die Preußen sind da,
Die Preußen sind lustig und rufen: Hurrah!

O schauet, wie ihm leuchten die Augen so klar!
O schauet, wie ihm wallet sein schneeweißes Haar!
So frisch blüht sein Antlitz, wie kreisender Wein,
D'rum kann er Verwalter des Schlachtfeldes sein. 2c.

Er ist der Mann gewesen, als Alles versank,
Der muthig auf zum Himmel den Degen noch
schwang;
Da schwur er beim Eisen gar zornig und hart,
Franzosen zu weisen die altdeutsche Art. 2c.

Er hat den Schwur gehalten, als Kriegsruf erklang,
Hei, wie der weiße Jüngling im Sattel sich schwang,
Da ist er's gewesen, der Kehraus gemacht,
Mit eisernen Besen das Land rein gemacht. 2c.

Bei Lützen auf der Aue, da hielt er solchen Strauß,
Daß vielen tausend Welschen die Haare standen kraus,
Daß Tausende liefen gar hastigen Lauf,
Zehntausend entschliefen, die nimmer wachen auf. 2c.

Am Wasser von der Katzbach er's auch hat bewährt,
Da hat er den Franzosen das Schwimmen gelehrt;
Fahrt wohl ihr Franzosen zur Nordsee hinab,
Und nehmt ohne Hosen den Wallfisch zum Grab. 2c.

Bei Wartburg, an der Elbe, wie fuhr er hindurch!
Da schirmte die Franzosen nicht Schanze noch Burg,
Da mußten sie springen wie Hasen über's Feld,
Und hinterdrein ließ klingen sein Hussa! der Held. 2c.

Bei Leipzig auf dem Plane, o schöne Völkerschlacht,
Da brach er in Trümmer der Welschen Glück
                                       und Macht,
Da liegen sie so sicher nach manchem harten Fall,
Da ward' der alte Blücher ein Feldmarschall. ꝛc.

D'rum blaset ihr Trompeten: Husaren heraus!
Du reite, Herr Feldmarschall, wie Sturmwind im
                                           Saus,
Dem Siege entgegen zum Rhein über'n Rhein!
Du alter tapf'rer Degen, und Gott soll mit dir sein!

————

47. Was glänzt dort vom Walde im Sonnenschein?
Hört's näher und näher brausen!
Es zieht sich herunter in düsteren Reih'n
Und gellende Hörner erschallen darein
Und erfüllen die Seele mit Grausen.
Und wenn ihr die schwarzen Gesellen fragt:
:,: Das ist Lützow's wilde, verwegene Jagd! :,:

Was zieht dort rasch durch den finstern Wald,
Und streifet von Bergen zu Bergen?
Es legt sich in nächtlichen Hinterhalt.
Das Hurrah jauchzt und die Büchse knallt,
Es fallen die fränkischen Schergen ꝛc.

Wo die Reben dort glühen, da brauset der Rhein,
Der Wüth'rich geborgen sich meinte,
Da nahte es schnell wie Gewitterschein
Und wirft sich mit rüstigen Armen hinein
Und schwimmt an das Ufer der Feinde. ꝛc.

Was brauſt bort im Thale die laute Schlacht?
Was ſchlagen die Schwerter zuſammen?
Wildherzige Reiter ſchlagen die Schlacht
Und der Funke der Freiheit iſt glühend erwacht
Und lodert in blutigen Flammen ꝛc.

Wer ſcheidet bort röchelnd im Sonnenlicht,
Unter winſelnde Feinde gebettet?
Es zuckt der Tod auf dem Angeſicht,
Doch die wackeren Herzen erzittern nicht,
Das Vaterland iſt ja gerettet. ꝛc.

Die wilde Jagb und die deutſche Jagb
Auf Henkersblut und Thrannen!
D'rum, die ihr uns liebt, nicht geweint und geklagt,
Das Land iſt ja frei und der Morgen tagt,
Wenn wir auch nur ſterbend gewannen!
Und von Enkeln zu Enkeln ſei's nachgeſagt:
:,: Das war Lützows wilde, verwegene Jagb!"

48. Was iſt des Deutſchen Vaterland?
Iſt's Preußenland? Iſt's Schwabenland?
Iſt's, wo am Rhein die Rebe blüht?
Iſt's, wo am Belt die Möve zieht?
O nein, nein, nein!
:,: Sein Vaterland muß größer ſein! :,:

Was iſt des Deutſchen Vaterland?
Iſt's Baierland? Iſt's Steyerland?
Iſt's, wo des Marſen Rind ſich ſtreckt?
Iſt's, wo der Märker Eiſen reckt?
nein ꝛc.

Was ist des Deutschen Vaterland?
Ist's Pommerland? Westphalenland?
Ist's, wo der Sand der Düne weht?
Ist's, wo die Donau brausend geht?
O nein ꝛc.

Was ist des Deutschen Vaterland?
So nenne mir das große Land!
Ist's Land der Schweizer? Ist's Tyrol?
Das Land und Volk gefiel mir wohl:
O nein ꝛc.

Was ist des Deutschen Vaterland?
So nenne mir das große Land!
Gewiß ist es das Oesterreich,
An Siegen und an Ehren reich?
O nein ꝛc.

Was ist des Deutschen Vaterland?
So nenne endlich mir das Land:
So weit die deutsche Zunge klingt
Und Gott im Himmel Lieder singt,
Das soll es sein!
Das, wack'rer Deutscher, nenne dein!

Das ist des deutschen Vaterland!
Wo Zorn vertilgt der Wälschen Tand.
Wo jeder Frevler heißet Feind,
Wo jeder Edle heißet Freund! —
Das soll es sein!
Das ganze Deutschland soll es sein!

Das ganze Deutschland soll es sein!
O Gott vom Himmel sieh' darein

Und gieb uns echten deutschen Muth,
Das wir es lieben treu und gut!
Das soll es sein!
Das ganze Deutschland soll es sein!

49. Wenn alle untreu werden,
So bleiben wir doch treu,
Daß immer noch auf Erden
Für Euch ein Fähnlein sei.
Gefährten unserer Jugend,
Ihr Bilder bess'rer Zeit,
Die uns zu Männertugend
Und Liebestod geweiht.

Wollt nimmer von uns weichen,
Uns immer nahe sein,
Treu, wie die deutschen Eichen,
Wie Mond und Sonnenschein!
Einst wird es wieder helle
In aller Brüder Sinn,
Sie kehren zu der Quelle
In Lieb' und Reue hin. —

Es haben wohl gerungen
Die Helden dieser Frist,
Und nun der Sieg gelungen,
Uebt Satan neue List.
Doch wie sich auch gestalten
Im Leben mag die Zeit,
Du sollst mir nicht veralten,
O Traum der Herrlichkeit.

Ihr Sterne seid uns Zeugen,
Die ruhig niederschau'n,

Wenn alle Brüder schweigen
Und falschen Götzen trau'n:
Wir woll'n das Wort nicht brechen,
Nicht Buben werden gleich,
Woll'n predigen und sprechen
Vom heil'gen deutschen Reich!

---

50. Wer will unter die Soldaten,
Der muß haben ein Gewehr, :,:
Daß muß er mit Pulver laden
Und mit einer Kugel schwer.
Büblein, wirst du ein Rekrut,
Merk' dir dieses Liedchen gut,
Hopp, hopp, hopp, hopp, hopp, hopp,
Pferdchen lauf, lauf Galopp!
Büblein, wirst du ein Rekrut,
Merk' dir dieses Liedchen gut,
Pferdchen munter, immer munter
Lauf Galopp, hopp, hopp, hopp,
Hopp, hopp, hopp, lauf Galopp!

Der muß an der linken Seiten
Einen scharfen Säbel ha'n.
Daß er, wenn die Feinde streiten,
Schießen und auch fechten kann.
Büblein 2c.

Einen Gaul zum Galoppiren,
Und von Silber auch zwei Sporn,
Zaum und Zügel zum Regieren,
Wenn er Sprünge macht im Zorn.
Büblein 2c.

Einen Schnurrbart an der Nasen,
Auf dem Kopfe einen Helm,
Sonst wenn die Trompeten blasen,
Ist er nur ein armer Schelm.
Büblein 2c.

Doch vor allem muß Courage
Haben jeder tücht'ge Held,
Sonst erreicht ihn die Blamage,
Zieht er ohne sie in's Feld.
Büblein 2c.

————————

51. Wo ist das Volk, das kühn von That
Der Tyrannei den Kopf zertrat?
Groß, unbezwungen steht es da,
Es ist dein Volk, Borussia.

Wie heißt das Land, wo recht Gericht
Den Stab dem mächt'gen Frevler bricht,
Wo Schutz dem guten Bürger nah'?
Das Land, es heißt Borussia.

Da grünt des Lorbeers frisches Reis
Des tapfern Kriegers hoher Preis.
Nicht mehr verläßt Victoria
Ihr Heldenland Borussia.

Bescheidnen Sinnes sieht ein Mann
Mit Gott im Bunde, dankvoll an
Das Werk, das dir durch ihn geschah:
Dein König ist's, Borussia!

Drum Segen ihm, der groß und recht
Das Haupt vom kräftigen Geschlecht!
Gott bleibt mit seiner Hülfe nah
Dem König und Borussia.

———————

52. Wo Muth und Kraft in deutscher Seele flammen,
Fehlt nicht das blanke Schwert beim Becherklang;
Wir steh'n vereint und halten fest zusammen,
Und rufen laut im feu'rigen Gesang:
    Ob Fels und Eiche splittern,
    Wir werden nicht erzittern,
Den Jüngling reißt es fort mit Sturmesweh'n,
Für's Vaterland in Kampf und Tod zu geh'n.

Wie Flammen golden sei der Brüder Zeichen,
Roth, wie die Liebe, die im Herzen glüht,
Und daß wir nie, im Tode selbst nicht weichen,
Sei schwarz das Band, das uns're Brust umzieht;
    Ob Fels und Eiche 2c.

Wir wissen noch den deutschen Stahl zu schwingen,
Die Stirn ist frei und stark der Arm im Streit;
Wir dauern aus und wollen muthig ringen,
Wenn es der Ruf des Vaterlands gebeut:
    Ob Fels und Eiche 2c.

So schwört es laut bei unserm blanken Schwerte:
Dem Bunde treu, im Leben wie im Tod;
Auf, Brüder, auf! und schirmt die Vater-Erbe,
Und ruft hinaus in blut'ges Morgenroth:
    Ob Fels und Eiche 2c.

Und du mein Liebchen, die in süßen Stunden
Den Freund beseelt mit manchem Blick und Wort,
Dir schlägt das Herz wohl über Brand und Wunden,
Doch ewig lebt die treue Liebe fort:
    Ob Fels und Eiche 2c.

Trennt das Geschick des großen Bundes Glieder,
Wir reichen uns die treue Bruderhand;
Noch einmal schwört's, ihr meine deutschen Brüder,
Dem Bunde Heil! und Heil dem Vaterland!
    Ob Fels und Eiche 2c.

Melodie des Pariser Einzugs=Marsches.

53. Bon jour, Paris! Nun sind wir da,
Und rufen froh Victoria!
Wohl zweimalhunderttausend Mann —
Nun reitet, Preußen, frisch voran,
Ihr andern Deutschen hinterdrein
In's Herz, in des Feindes Herz hinein
Ihr Bayern, Sachsen, Schwaben!
Er wollt's nicht anders haben.

Bon jour, Paris! Nun sind wir da,
Und rufen laut Victoria!
Wörth, Bionville und Gravelotte,
Des Bösen Macht ward all' zu Spott.
Gefangen ist des Feind's Armee,
Thut Niemand mehr von uns ein Weh,
Turcos, Spahis und Zouaven,
Die liegen nun und schlafen.